きら☆ハピ! お手紙レッスン

寺西 恵里子 作
鈴木 衣津子 絵
双葉 陽 カバーイラスト

汐文社
ちょうぶんしゃ

もくじ だよ♪

1

かわいい！
おりがみ手紙
Part 1

イチゴにドーナツ、リボンにシャツ・・・
もらってうれしいおりがみ手紙！

さやかちゃんへ

ありさより

手紙は先に書こう！

書く時のポイント！

- 表に透けないように、色鉛筆や顔料ペンなどで書こう。
- 乾いてから、折ろう。
- 両面折り紙のときは顔料ペンがいいね。

折り紙記号の約束

谷折り	山折り

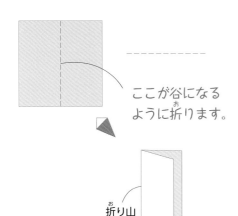

ここが谷になる
ように折ります。

折り山

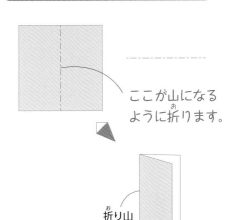

ここが山になる
ように折ります。

折り山

この本の見方

折り目の線です。

❶

次の手順❷で
折る線です。

裏にして、十字と斜め十字に折
り目をつけます。

❷

４つの角をまん中に折り合わせ
ます。

かわいく折って、そっとわたしちゃおう！

おりがみ手紙

オシャレ
モチーフ

リボンにシャツ、とってもおしゃれなおりがみ手紙。机やかばんの上におかれただけで、うれしくなっちゃう！ハートで気持ちを伝えても・・・。

『おしゃれリボン』

かわいいリボンで
♥をキャッチ！

★折りかたは
8ページだよ。

『シャツ』

かっこいい！
★折りかたは **10** ページだよ。

無地でも柄でも
かわいい…！

『ハート』
はドキドキするね！

★折りかたは **11** ページだよ。

大きなハートはノートの
A4 や B5 サイズで
折ってるよ。

開くのがたのしみ！
『スクエアー
ブロック』

★折りかたは
9 ページだよ。

いくつか折っておいて、
必要な時に広げて
また折るのもいいネ。

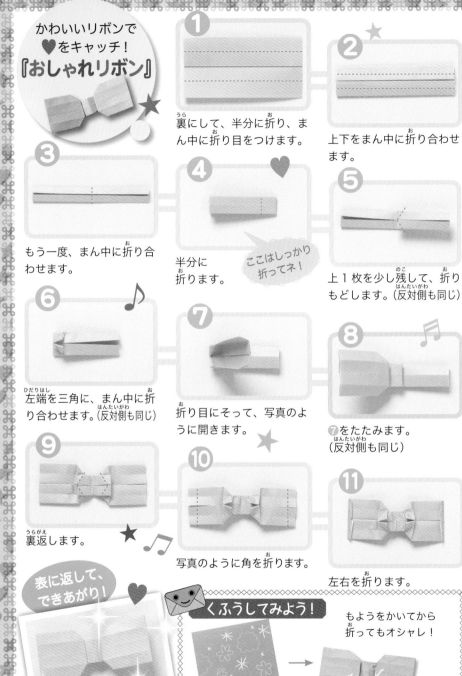

おりがみ手紙

かわいいリボンで
♥をキャッチ！
『おしゃれリボン』

① 裏にして、半分に折り、まん中に折り目をつけます。

② ★ 上下をまん中に折り合わせます。

③ もう一度、まん中に折り合わせます。

④ ♥ 半分に折ります。

ここはしっかり折ってネ！

⑤ 上1枚を少し残して、折りもどします。（反対側も同じ）

⑥ 左端を三角に、まん中に折り合わせます。（反対側も同じ）

⑦ 折り目にそって、写真のように開きます。

⑧ ⑦をたたみます。（反対側も同じ）

⑨ 裏返します。

⑩ 写真のように角を折ります。

⑪ 左右を折ります。

表に返して、できあがり！

くふうしてみよう！

もようをかいてから折ってもオシャレ！

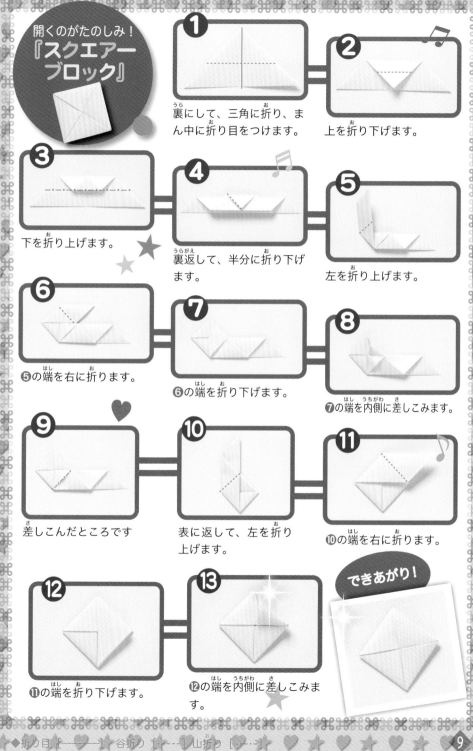

開くのがたのしみ！
『スクエアー
ブロック』

1 裏にして、三角に折り、まん中に折り目をつけます。

2 上を折り下げます。

3 下を折り上げます。

4 裏返して、半分に折り下げます。

5 左を折り上げます。

6 ⑤の端を右に折ります。

7 ⑥の端を折り下げます。

8 ⑦の端を内側に差しこみます。

9 差しこんだところです

10 表に返して、左を折り上げます。

11 ⑩の端を右に折ります。

12 ⑪の端を折り下げます。

13 ⑫の端を内側に差しこみます。

できあがり！

◆折り目 ━━━ 谷折り ┃━━┃ 山折り ╎━╎

かっこいい！
『シャツ』

①

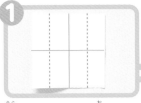

裏にして、十字に折り目を
つけます。

②

左右をまん中に折り合わせ
ます。

③

もう一度、まん中に折り合
わせます。

④

上を写真のように開きます。

⑤

裏返して、上を折り下げま
す。

⑥

下をまん中に折り上げます。

⑦

もう一度、下を折り上げま
す。

⑧

⑦をそでに差しこみます。

表に返して、
できあがり！

メッセージ例

伝言	さようなら
伝言で〜す！	さようなら…
お願い！よっちゃんに 伝えてください！	バイバイ、また明日！
SOS！大至急、連絡ください。	ずっと友だちだよ！
ママへ、今日のおやつは ドーナツがいい！	また、会えるよね！
	新しい学校に行っても 僕らの先生です！

ドキドキするね！『ハート』

1

折り山

裏にして、半分に折り、まん中に折り目をつけます。

2 ★

左右を斜めに、まん中に折り合わせます。

3

裏返します。

4

上を折り下げます。♪

5 ♪

④の内側を写真のように開きます。（反対側も同じ）

6

⑤の上を折り下げます。

7

⑥の両端の下の角を三角に折り上げます。

8

左右を内側に折ります。

9

上の両角を三角に折ります。

10

⑧、⑨をもどします。

11

左右を写真のようにたたみます。

12

⑪の★を内側に差しこみます。

表に返して、できあがり！

ここがポイント！

B5
182mm×257mm

A4
210mm×297mm

B5やA4サイズの紙で折ると、きれいなハートになります！

※折り紙のサイズ：A4やB5

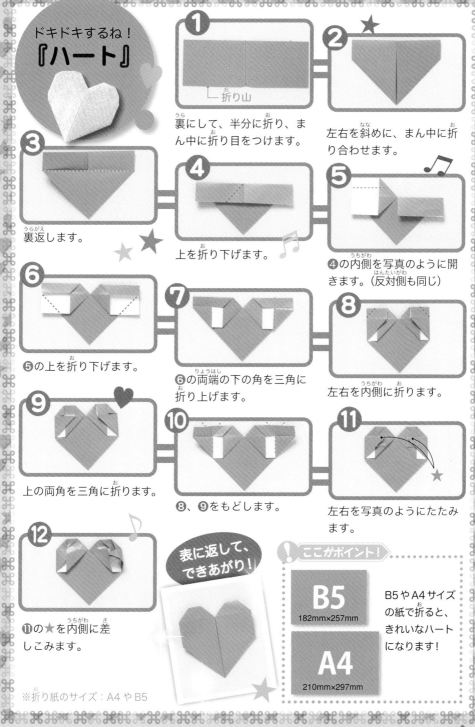

かわいく折って、そっとわたしちゃおう！
おりがみ手紙
オシャレ封筒

封筒にもなってとても便利なおりがみ手紙！
たとう折りはずっと前からあったんだよ、おばあちゃんも知ってるかも？！

かわいいえりつき！
『えり封筒』
★折りかたは **14** ページだよ。

最後に折りこむところに気をつけてね！

『たとう折り』
ケースにもなる！
★折りかたは
15 ページだよ。

手紙も入るよ！
『斜め封筒』
★折りかたは
16ページだよ。

和紙折り紙でも
あうね！

順にゆっくり
ていねいに折ろう

カードもはさめる！
『ぎざぎざ封筒』
★折りかたは
17ページだよ。

かわいいえりつき！ 『えり封筒』

1 裏にして、まん中に折り目をつけます。

2 左右をまん中に折り合わせます。

3 上を斜めに折り、えりを作ります。

4 裏返して、下を折り上げます。★

5 半分に折り上げます。♥

6 表に返し、★をえりの下に差しこみます。

できあがり！

メッセージ例

お見舞いに

お大事に！

はやく元気になってね！

病気なんかに負けるな！
みんな待ってるよ！

1日も早くよくなるように
祈ってます ♥

はげます時に

ファイト！

クラスのみんなで
応援してます！

君ならできる！
僕がついてるし…

がんばってください。
心から応援しています。

ほめる時に

やったね！

1等賞おめでとう！
がんばったもんね。

さすが、大ちゃん！
すごいシュートだったね。

負けちゃったけど、
いちばんかっこよかったよ！

ケースにもなる！
『たとう折り』

1
裏にして、斜め十字に折り目をつけます。

2
右下を**1**の折り目に合わせて、斜めに折ります。

3
左下を**1**の折り目に合わせて斜めに折ります。

4
左上を★に合わせて、斜めに折ります。

5
右上を♥に合わせて、斜めに折ります。

6
山**8** 谷**8**
5を開きます。

7
◆も写真のように開きます。

8
5を折り、**2**をたたみます。

できあがり！

くふうしてみよう！
カラフルな広告チラシや雑誌で折ってもオシャレ！

◆折り目 [———] 谷折り [----] 山折り [-・-・]

手紙も入るよ！
『斜め封筒』

①

裏にして、十字に折り目を
つけます。

② ★

左右をまん中に折り合わせ
ます。

③ ♪

右上を折り目に合わせて、
折ります。

④ ♪

左下を折り目に合わせて、
折ります。

⑤ ♥

上の角を写真のように折り
下げます。

⑥

下の角をまん中に折り上げ
ます。

⑦ ★

ここは
ていねいに！

それぞれの角を
差しこみます。

できあがり！

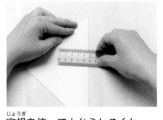

！ ここがポイント！

きれいに折るポイントはこの２つだけ！

●角はキッチリあわせましょう！

○ ✕

●折り目はきちっとつけましょう！

○ ✕

定規を使って上からしごくと、
きれいに折れます。

カードもはさめる! 『ぎざぎざ封筒』

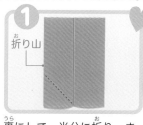

① 折り山

裏にして、半分に折り、まん中に折り目をつけます。

②

左下をまん中に折り合わせます。

③

②に合わせて、左上を三角に折ります。

④

裏返します。

⑤ ★

左上を写真のように折り下げます。

⑥

左下を写真のように★に合わせて折り上げます。

⑦

⑥を⑤の中に差しこみます。

⑧

表に返します。

⑨

三角を折ります。

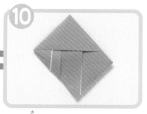

⑩

⑨を差しこみます。

できあがり!

※折り紙のサイズ:A4やB5

ここがポイント!

B5	A4
182mm×257mm	210mm×297mm
A	A
約84mm	約95mm

※Aの寸法は⑤の折り方で変わります。

くふうしてみよう!

ミニカードがあったらワクワク感 up !

かわいく折って、
そっとわたしちゃおう！

おりがみ手紙
フルーツ
＆
スイーツ

ありがとう！も、ごめんなさい！も
友だちの好きなスイーツやフルーツな
らもっと伝わるかな・・・。
ていねいに折って送ろうね。

最後にもようを
かこう！

とんがりがかわいい！
『パイナップル』
★折りかたは
21 ページだよ。

『いちご』
大人気！
★折りかたは
20 ページだよ。

赤い折り紙を
そろえちゃおう！

いっぱいデコろう！
『カップケーキ』
★折りかたは
22 ページだよ。

何をのせる？
『ショートケーキ』
★折りかたは
23 ページだよ。

ドーナツ屋さん?!
『ドーナツ』
★折りかたは
24 ページだよ。

ラインストーンや
シールを貼ると
もっとかわいい！

大人気! 『いちご』

①

裏にして、三角に折ります。

②
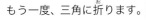
もう一度、三角に折ります。

③
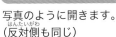
写真のように開きます。
（反対側も同じ）

④ ♪

左右をまん中に折り合わせ
ます。（反対側も同じ）

⑤

下を折り上げます。

⑥

④、⑤をもどします。

⑦

写真のように角を引き出して
たたみます。（反対側も同じ）

⑧ ♥

下を折り上げます。
（反対側も同じ）♪

⑨ ♪

上を3枚とも折り下げます。

⑩

1枚を折り上げます。♪

⑪

次を写真のように折り上げ
ます。

⑫

その次を折り上げます。♥★

⑬

表に返します。

もようを描いて
できあがり!

とんがりがかわいい！『パイナップル』

8

9

①～⑧までいちごと同じように折ります。

上を3枚とも折り下げます。

10

1枚を折り上げます。

11

次を写真のように折り上げます。

12

その次を折り上げます。

13

下を折り上げます。

できあがり！

表に返し、もようを描いて、できあがりです。

メッセージ例

お誕生日に	ありがとう	お願いする時に
お誕生日おめでとう！	ありがとう！	お願いしま～す！
HAPPY BIRTHDAY！	THANK YOU！！	よろしくね！
いつまでもかっこいいパパでいてください。	ママがやさしいママでよかった。	なるべく早くお願い！
なぜか、わたしまでワクワクしちゃいます。	あのときは言えなかったけどすごく、うれしかった。	明日試合だから、お弁当はトンカツにしてね！
今度はわたしの誕生会に来てね！	ひと言、お礼が言いたくて…ありがとう。	来週折り紙を使うので、新しいのを買っておいてね！

いっぱいデコろう！
『カップケーキ』

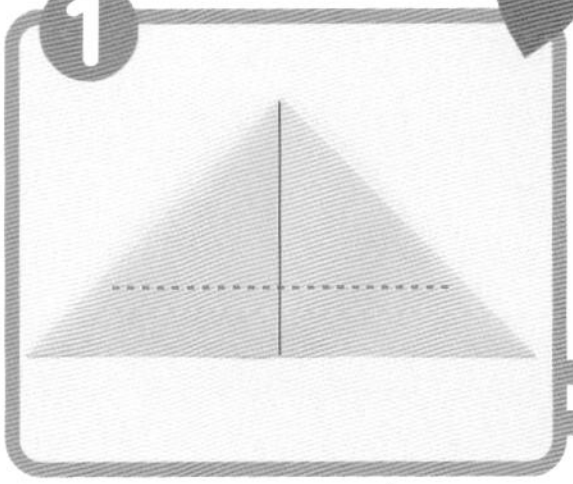

① 裏にして、三角に折ります。

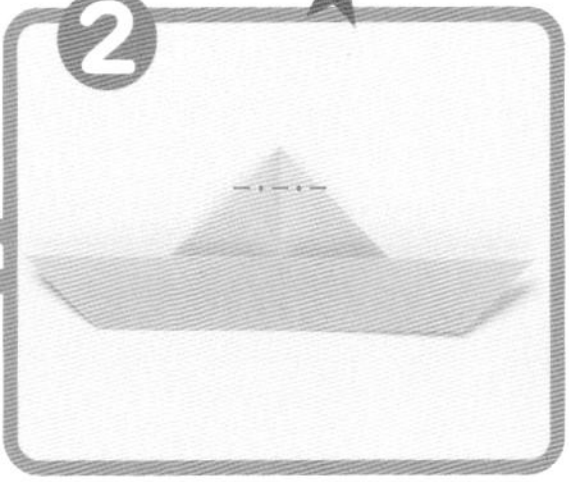

② 下を折り上げます。

③ 裏返して、上を折り下げます。

④ 左を折ります。

⑤ 右を折ります。

⑥ 左の先を内側に折りこみます。

⑦ 右の先を内側に折りこみます。

⑧ 表に返します。

できあがり！

シールを貼って、できあがりです。

何をのせる？
『ショートケーキ』

①

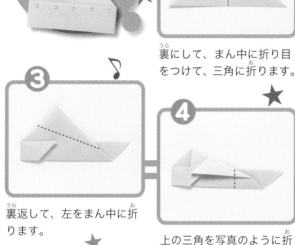

裏にして、まん中に折り目をつけて、三角に折ります。

②

下を折り上げます。

③

裏返して、左をまん中に折ります。

④

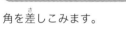

上の三角を写真のように折り下げます。

⑤

右を折ります。

⑥

角を差しこみます。

⑦

差しこんだところです。

⑧

表に返します。

できあがり！

シールを貼って、できあがりです。

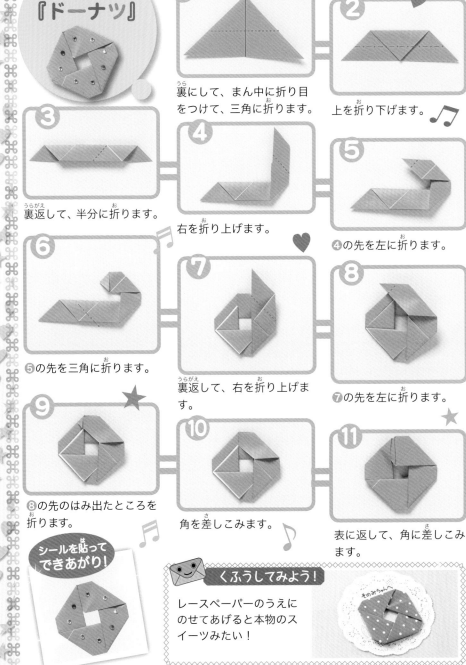

ドーナツ屋さん?!
『ドーナツ』

1 裏にして、まん中に折り目をつけて、三角に折ります。

2 上を折り下げます。♪

3 裏返して、半分に折ります。

4 右を折り上げます。

5 ④の先を左に折ります。

6 ⑤の先を三角に折ります。

7 裏返して、右を折り上げます。

8 ⑦の先を左に折ります。

9 ⑧の先のはみ出たところを折ります。

10 角を差しこみます。♪

11 表に返して、角に差しこみます。

シールを貼ってできあがり!

くふうしてみよう!
レースペーパーのうえにのせてあげると本物のスイーツみたい!

そのみちゃんへ

◆折り目 [———] 谷折り [- - - -] 山折り [—・—・—]

おりがみ手紙、こんな時に使ってね！

手紙を書くほどじゃないけど、ひとことあやまりたい…ありがとうを伝えたい…。そんな時にぴったりなのはおりがみ手紙!!　ていねいに折って届けようね！

★あやまる時に！

♥お礼を言いたい時に！

♥誕生日に！

★ものを返す時に！

★お見舞いに！

♥伝言に！

かわいく折って、
そっとわたしちゃおう!

おりがみ手紙
アイスクリーム

便せんや封筒がなくても、パパッと作れちゃうのがうれしいね。もらった時にうれしくなる形に折れるのもポイント! みんな大好きアイスクリーム!!

うずまきがたのしい!
『ソフトクリーム』
★折りかたは
28ページだよ。

夏にはやっぱり!
『コーンアイス』
★折りかたは
29ページだよ。

シールを貼ったり、
絵を描いたりして、
もっとかわいく!

ポケットに
ミニメッセージ
カードが入るよ！

ボリューム
いっぱい！
♪ダブルコーン♪
★折りかたは
30ページだよ。

カードをいれてね！
『カップアイス』
★折りかたは
31ページだよ。

おたんじょうびかいの
おさそい

はやく
げんきになってね！

きのうは
たのしかったね！

おたんじょうびかいの
おさそい

はやく
げんきになってね！

このあいだは
ありがとう

また あそびに
きてね！

折り目の間に、
ミニメッセージカードも
はさめます。

うずまきがたのしい！
『ソフトクリーム』

1
裏にして、まん中に折り目をつけます。

2
左右をまん中に、折り合わせます。

3
上の左右をまん中に折り合わせます。

4
半分に折り上げます。

5
上1枚を少し残して、折りもどします。

6
表に返します。

7
上を斜めに折り下げます。

8
折りもどします。

9
上を斜めに折り下げます。

10
折りもどします。

11
裏返して、角を写真のように折ります。

12
表に返します。

できあがり！

もようをかいてネ！

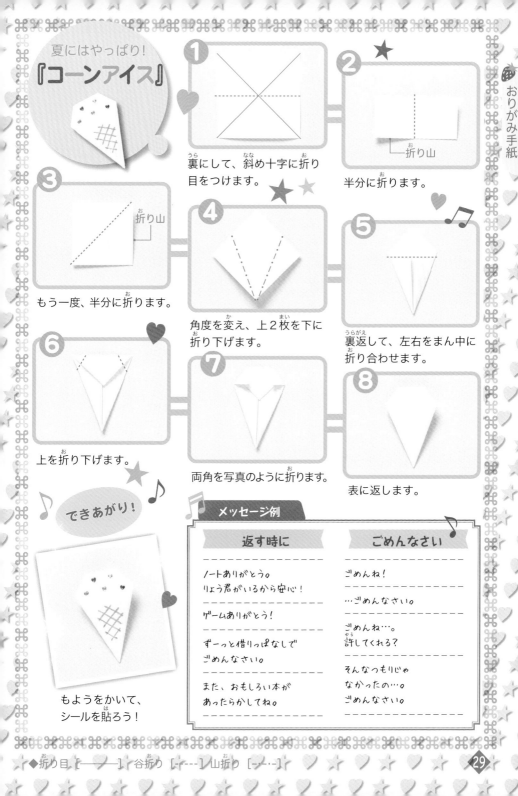

夏にはやっぱり！

『コーンアイス』

①
裏にして、斜め十字に折り目をつけます。

② ★
折り山

半分に折ります。

③
折り山

もう一度、半分に折ります。

④ ★ ★
角度を変え、上2枚を下に折り下げます。

⑤ ♪
裏返して、左右をまん中に折り合わせます。

⑥ ♥
上を折り下げます。

⑦
両角を写真のように折ります。

⑧
表に返します。

できあがり！ ♪

もようをかいて、シールを貼ろう！

メッセージ例

返す時に

ノートありがとう。
りょう君がいるから安心！

ゲームありがとう！

ずーっと借りっぱなしで
ごめんなさい。

また、おもしろい本が
あったらかしてね。

ごめんなさい

ごめんね！

…ごめんなさい。

ごめんね…。
許してくれる？

そんなつもりじゃ
なかったの…。
ごめんなさい。

ボリュームいっぱい！
『ダブルコーン』

1 裏にして、まん中に折り目をつけます。

2 左右をまん中に、折り合わせます。

3 裏返して、半分に折ります。

4 上1枚を少し残して、折りもどします。

5 右角を斜めに折ります。

6 左角を斜めに折ります。

7 裏返して、はみ出たところを折ります。

8 上を半分に折り下げます。

9 折りもどします。

10 角を三角に折ります。

11 上の両端を写真のように開きます。

12 角を折ります。

13 表に返します。

できあがり！

シールを貼って、ミニカードをはさんでネ！

※折り紙のサイズ：A4やB5

『カップアイス』

カードを入れてね！

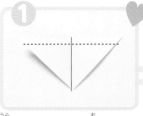

①

裏にして、三角に折り、まん中に折り目をつけます。

②

上1枚を少し残して、折りもどします。

③

上下をまん中に折り合わせます。

④

左を写真のように折ります。

⑤

右を写真のように折ります。

⑥

⑤の角を内側に折りこみます。

⑦

上の両角を斜めに折ります。

⑧

上の両角を折り下げます。

⑨

表に返します。

できあがり！

ミニカードをはさんでネ！

くふうしてみよう！

意外なできあがりにビックリ！

いろんなグラデーション折り紙で折ってみよう！

折り目 [——]　谷折り [- - -]　山折り [-・-・]

おりがみ手紙、
もっと工夫しよう！

まだまだ、いろいろな事ができるおりがみ手紙！　シールを貼ったり少し工夫したりするだけで、楽しくなるよ。たくさん試してみよう！

いろいろな折り紙を使ってみよう！

グラデーション折り紙

千代紙折り紙

両面折り紙

プリント折り紙

シールやラインストーンを貼ってみよう！

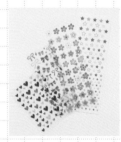
シール

ラインストーン

ペンでかいてみよう！

色えんぴつ

サインペン

顔料ペン

中の手紙はもちろん、外側にもかいてみよう！

かんたん！
はじめての
デコ文字

かわいい手紙にはかわいい文字を書きたい！
デコ文字のキホン、教えちゃうよ！

2

はじめての**デコ文字**

ひらがな

ふんわりまあるい
イメージ

丸文字

デコ文字

あいうえお（まるく）	かきくけこ（せまく）
さしすせそ	た（カーブ）ちってと
なにぬねの	はひふへほ
まみむめも	や　ゆ（まるく）　よ（大きく）
らりる（まるく）れろ	（みじかく）わ　を　ん（ガクガクに）
゙゙　。	

もらった手紙がかわいい文字で書かれていたら、もっと
うれしくなるよね。どんどん書くことがたいせつ。まず
はひらがなから、デコ文字レッスンはじまるよ!!

元気でポップな
イメージ

デコ文字

ゆがみ文字

あいうえお _{下へ}	かきくけこ _{クネクネ} _{せまく}
さしすせそ	たちつてと
なにぬねの _{まげよう}	はひふへほ
まみむめも _{せまめに}	や ゆ _{クネクネ} よ
らりるれろ	わ _{長く} を ん
" ゚	

カタカナ

まあるくかわいい
イメージ

丸文字

アイウエオ	カキクケコ
サシスセソ	タチツテト
ナニヌネノ	ハヒフヘホ
マミムメモ	ヤ ユ ヨ
ラリルレロ	ワ ヲ ン
゛゜ ゜	

（まるく・みじかめ・まるく・上を長めに・まるく・上をまるく・まるく・カーブ・まるく・カーブ）

クネクネして
たのしいイメージ

ゆがみ文字

アイウエオ
サシスセソ
ナニヌネノ カーブ
マミムメモ 頭を大きく
クネクネ
ラリルレロ 長めに

長く カキクケコ へこます
タチツテト
ハヒフヘホ ひろげる
ヤ ユ ヨ
リ ヲ いきおいよく

〃 ♥

アルファベット

丸文字

まるくてやさしい
イメージ

デコ文字

A B C D E F G
ひろく　　　　　カーブ

H I J K L M N
ひろく

O P Q R S T U
みじかく　　　みじかく　　　　下を広めに

U w x y z
ひろく　　　まるく

a b c d e f g
まるく

h i j k l m n
長く　長く　　　ひろく

o p q r s t u
右にカーブ

v w x y z
カーブする

38

はねて元気な
イメージ

ゆがみ文字

ポイント

のばす
A B C D E F G

すこしのばす
H I J K L M N

ハネる　　　カーブ
O P Q R S T U

ひろく
V W X Y Z

カーブ
a b c d e f g

のばす
h i j k l m n

o p q r s t u

v w x y z

デコ文字

数字・記号・顔文字

小さく書けると
もっとカワイイ！

数字・記号

1 2 3 4 5 6 7 8 9 0

! ? & + − × ÷ =

$ ¥ % ＊ ○ ◎ × ＃

△ □ ♀ ♂ 〠 ※ …

→ ← ↑ ↓ ⇨ ⇦ ⇧ ⇩

@ ♈ ♉ ♊ ♋ ♌ ♍

♎ ♏ ♐ ♑ ♒ ♓

顔文字に使える記号

( )゜・ 、 〉 ≧ ヘ ￣ σ T ♥ e ＝

＾ ； ◎ θ @ ▽ ꕤ ＿ O ◇ Q A

ε ～ ｴ ｨ ▽ ω っ

ノ ﾉ ﾊﾞ 彡 ＊ ヅ 〉 っ w b ∅ q

● ✕ Σ

(°∀°)ノ☆
おはよっ！

(*´∀*)ノシ
ばいばーい

m(o￣ー￣o)m
よろしくです

(⊃⊂)
お願い～！

(*ˆᵕ•)b
OK！

(@₀@；)
びっくり

ヽ(•´ω`•)ノ
わ～い

ヽ(≧∀≦)/
ヤッターー！

☆(*ᵒᵕᵒ.
キラリン（女の子の顔）

(ノꀸ`o)
え～ん

(´；ω；`)
しくしく

(T_T)
号泣

(｀ヘ´#)
むかっ

(o´ε`o)
ちぇっ

Σ(°ꀸ°lll)
ええっ

(；^_^A
汗

デコ文字

文字の上級テク

ぐるぐる書いた線で
文字を書くよ。
元気なイメージだね。

ぐるぐる文字デコ

りんかく線だけの文字だよ。
インパクト大！

ふくろ文字デコ

ラッキ☆

ゲットん

LOVE

仲よし

デコ文字

太字の文字のまわりを
細くふちどろう。
ハートや星を書いてもOK!

フチ文字デコ

点線で書くよ。
マーカーで書いた文字に
重ねてもかわいい!

ぬい文字デコ

空にうかぶくもみたいに
フワフワモコモコだよ！
線と線の間がくっつかないようにネ

モコモコ文字デコ

かわいくデコルコツ！

◉ **文字の大きさにリズムをつける♪**
文字ひとつひとつの大きさや角度を変えて書いてみよう

◉ **ペンの太さをいろいろ変えてみる♪**
文字の太さによって、デコのイメージが変わってくる。

◉ **すきな音楽をききながら書く♪**
ノリノリ気分で書くと、文字にも出てくるヨ！

デコ文字

イベントに使おう!

手紙やカードに
だいかつやくするよ!

クリスマス

Merry X・mas

メリークリスマス

メリクリ

あけお

HAPPY NEW YEAR

あけましておめでとう

お正月

おけ　お　め

おたんじょう日おめでとう

BD おめでとう

合格/入学/進級

誕生日

祝

合格

ガンバ　合格

試合(部活)

卒業

試合ファイト

さみしくなるよ

入学

デコ文字

デコ文字

デコ文字 for レター

友だちの名前をデコッて書いて
あげると、もっとかわいいね!
キャラ別に書いて送ろう。

キラキラデコ

似顔絵(にがおえ)つき

To マリエ

プラカード

音楽大好きな子向け

クッキーデコ風

姫(ひめ)キャラの子向け

キャンティ風

大好きな

大好き(だいす)アピール

アップリケ風

巻物(まきもの)

書き出しをデコ文字にしちゃおう！
手紙の最初に書くと、読んでもたのしいよね。
どんな手紙かすぐわかるよ。

げんきぃ？

はろ〜！

こんちはあ

☆HELLO☆

ども

おっは！

ありがと

ねぇーっ きいてよっっ

おそくなりますたっ

ここだけの話

あなたの未来がわかる?!
ドキドキ文字占い

右のワクの中に「木」という字を書いてね。リラックスして書こう。
次の4つのタイプから、あなたの書いた字に似ているものをえらんでね。それがあなたのタイプになるよ。

Aタイプ	Bタイプ	Cタイプ	Dタイプ
あまりつき出ていない。	あまりつき出ていない。	長くつき出ている。	長くつき出ている。

短い。	長い。	長い。	短い。
結果は…	結果は…	結果は…	結果は…

「木」のタテ線がつき出ているほどリーダーになりたがる人だよ。左右のはらいが長いほど、元気で活発。

みんなと仲良く「ふつうの女の子」	どんとこい!「おかん」	ゆめは海外進出?!「社長」	1人が好きなの…「オオカミ」
おしとやかであまり目立たず、みんなと一緒に行動したいと思うタイプのあなた。まわりの人と仲良く、決してでしゃばらず、おだやかな人生をおくるでしょう。	いつも元気で人見知りせず、だれとでも仲良くできる人。でも人とちがうことをするのは不安に思っちゃうかも。少しおせっかいやきなお母さんになりそう。	まわりを引っ張っていくのに向いているよ。しかも活発で元気いっぱいのリーダータイプ。将来は実業家かも?ふつうの人生には満足していられないかも。	自分で自分の人生を切り開いてゆきたい。でもやや内気なので、組織に属するよりは、専門的な仕事をする人が多そう。ジェットコースターのような人生が待っているかも。

48

3

色々使える！
はじめての
プチイラスト

メッセージにちょっとイラストが
ついているだけで、
とってもうれしくなるね！

LOVE

手紙にもよく使うのが顔のイラスト。かき方をおぼえちゃえば、バリエーションはいっぱい!! どんどん書いて、みんなに送ろう!

いろんな顔

ポイント1. 細いペンより太いペンのほうが書きやすいよ！

ポイント2. まず「りんかく」をかいてから「表情」・「髪型」のパーツをかこう。

ポイント3. パーツで、気持ちやその人らしさをだそう。ハートや星のマークを使っても◎。

女の子 丸

女の子 三角

女の子 縦長

女の子 ホームベース

男の子 丸

男の子 三角

男の子 縦長

男の子 ホームベース

顔のパーツ

目やロなどはためらわず勢いよくかくことがコツ!

目 のパーツ

口 のパーツ

いろんな表情

うれしい～

きゃはっ！たのしい

てへっ照れちゃう

ぽわ～ん。妄想中

えっ！びっくり

口笛吹いてしらんぷり～

ブンブンおこった！

うるうる超感動！

ぬーーん。。

むん！がんばるぞ！

もうゆるさない！

大好き！

ガーン！かなしい～

しくしく。。。かなし～

その他のパーツ

プチイラスト
ヘアスタイル

手紙やメモのはじめに自分の顔がかいてあったらうれしいよね。友だちはどんな髪型かな？　顔を思いうかべながら書こう！

ヘアアクセや髪のボリュームを変えるだけで、印象が大きく変化するよ

カールロング

ポニーテール

ストレートロング

片方結び

ワンレン

片方結びロングヘア

ボブ

おだんごヘア

片方結びボブ

片方三つ編み

ツインおだんご

プチイラスト

ツインテール

片方三つ編みボブ

ショート

カチューシャ

マッシュルームヘア

男の子

アフロ

男の子は
ちょっとユニークな
髪型にしても
いいね

パンクヘア

モヒカン

坊主

K-POP スターヘア

パーマヘア

プチイラスト ファッション

ファッションも、とっても大事。せっかくイラストをかくんだったら、その子の好きなファッションでかいてあげるともっとうれしいよね!

季節(きせつ)のファッション

プチイラスト

春秋

夏

夏

冬

冬

着ぐるみ

オシャレアイテム

パーカー

Tシャツ

ロングワンピース

サロペット

ブラウス on Tシャツ

ミニスカ×レギンス

ミニショートパンツ

ミニスカート

カボチャパンツ

Pコート

大きめセーター

ポンチョ

スキニージーンズ

ハート型バッグ

カチューシャ

リボン

キャップ

だてメガネ

ネコ型バッグ

モコモコバッグ

ハット

シュシュ

水玉マフラー

リュック

ショルダーバッグ

ニット帽

ベレー帽

ふわふわマフラー

柄ソックス

編み上げブーツ

パンプス

厚底スニーカー

ムートンブーツ

プチイラスト

プチイラスト マーク&サイン

最後のしあげにマークやサインをかくと
もっとかわいくなるよ！どんどん書
いちゃおう！

飾り系マーク

気持ちを伝えるマーク

その他の便利なマーク

サイン

手紙の最後におしゃれなサインをしよう。ローマ字でもひらがなでも、その時の気分にあわせてサッと書けたらかっこいいよね!

ゆきな

ユミ

MAO

まゆ

Miku

Chika

Hikaru

イニシャル

NANAMI

Yuki

あみ

RIN

Misaki

ASUKA

イニシャル

Siori

Riko

プチイラスト 食べ物

みんなに人気の食べ物イラスト！
便せんやカードの下にいっぱい書いて
ならべてもかわいくておしゃれ!!

ファストフード

ハンバーガー

パンはふわっと
かこう。

ウインナー

チキン

ドーナツ

ポテト

クロワッサン

フランスパン

アイスクリーム

メロンパン

コーンは
さいごだよ。

マカロン

シナモンロール

レモンティ

パスタ

さいごに
ハートで
デコろう。

おにぎり

ラーメン

スイーツ

キャンディ

クリームソーダ

つつみ紙で
あそんじゃおう。

ジュース

ショートケーキ

ベロベロキャンディ

クレープ

クリームは
こんもりと
かこう。

だんご

ホットケーキ　バターは
とろけさせようね。

フルーツ

目や口を描いて
顔にしちゃえば
もっとキュート!!

レモン

すいか

イチゴ

チェリー

バナナ

みかん

メロン

プチイラスト動物

動物だってプチイラストですいすい書けるよ。ハートをちらしたり帽子をかぶせたり、たのしくかこうね。

おしゃれさせたり、親子にしたり…。

くま
りんかく、かお、体の順にかこう

ぱんだ

うさぎ
さいごにハートをちらせば、もっとかわいい!

親子カメ

りす
しっぽはさいごに大きくかこう!

ねこ
マジシャン!?

プードル

おどるよ、おどる！

さる

おもしろい
動きをさせたり、
モノを持たせたりすると
たのしい！

ペンギン

フレンチブルドッグ

ひよこ

にわとり親子

赤あげて！

さかな

ハムスター

キリン

ぞう

かえる

プチイラスト 学校行事
がっこう ぎょうじ

学校生活に欠かせない行事だってかわいくプチイラスト！ 授業のノートにも使えちゃったり・・・?! 教科ごとにノートの表紙に書いてもかわいい！

バックに花を
ちらすと、
ふんいき UP!!

入学式

音楽会

遠足

音楽

工作

テスト

理科の実験

授業で使う
道具も登場！

算数

動物が登場する
イラストにしても
たのしいよ。

夏休み

水泳

サッカー

夏休み

球技大会（きゅうぎたいかい）

FIGHT

運動会

卒業式（そつぎょうしき）

モテ度チェック!!
ドキドキ文字占い

右のワクの中に「社」という文字を書いてね。いつもと同じように、気楽に書こう。
次の4つのタイプから、あなたの書いた字に似ているものをえらんでね。それがあなたのタイプになるよ。

Aタイプ

あいだがせまい。

長い。

結果は…

Bタイプ

あいだが広い。

長い。

結果は…

Cタイプ

あいだがせまい。

ふつうの長さか、短い。

結果は…

Dタイプ

あいだが広い。

ふつうの長さか、短い。

結果は…

「社」のはらいが長いほどカッコいい人、「へん」と「つくり」のあいだが広いほどやさしい人です。

たま〜にモテる?!

たくさんの人のなかにいても、人を引きつけてしまうあなた。だけど、ちょっとワガママだから、つきあいは長くは続かないかも。心を広くもとうね!

モテ★プリンセス

はなやかでぱっと目立つあなた。その上やさしくて、いつもほかの人の気持ちを考えてあげるから、みんなあなたのことが大好きになっちゃうよ。

練習中

自分をアピールすることが苦手で、残念ながらモテモテとはまだいえないかも。でも深くつきあえる友だちはいるから、他の人にもやさしくしてみよう。

いつかは…

初めて会った人からは地味に思われるあなた。でもとってもやさしくて長いつきあいの友だちにはファンが多い。もっとオシャレに気を使うといいかも!

4

かわいい！
おりがみ手紙
Part 2

バラやうさぎにねこ・・・
かざってもすてきなおりがみ手紙！

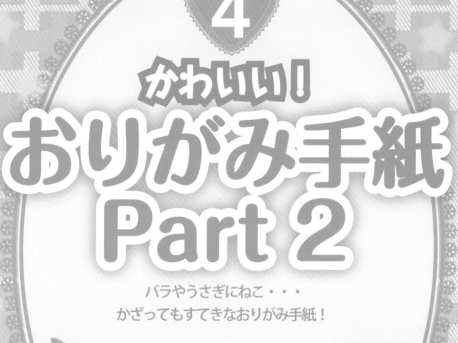

かわいく折って、
そっとわたしちゃおう!

おりがみ手紙

かわいい動物たち

好きな動物の手紙をもらえれば、
うれしいよね!
友だちや家族に、どんどん送ろう。
かざったり遊んだりしても Ok!

耳がポイント!
『うさぎ』
★折りかたは
68ページだよ。

『いぬ』
色んな色で折ろう!
★折りかたは
71 ページだよ。

顔の表情が
オリジナル!

ひげをわすれずに！
『ねこ』
★折りかたは
69ページだよ。

1つの折りかたで、ねことかえるができるよ。

たくさん折ると
カワイイ！
『かえる』
★折りかたは
69ページだよ。

動物園の人気者！
『ぞう』
★折りかたは
70ページだよ。

耳がポイント！
『うさぎ』

① 表にして、三角に折ります。

② もう一度、三角に折ります。

③ 写真のように開いてたたみます。（反対側も同じ）

④ 上1枚を折り下げます。（反対側も同じ）

⑤ 左右を内側に折ります。

⑥ 下の角を折り上げます。

⑦ 表に返して、左耳を折ります。

顔を描いてできあがり！

くふうしてみよう！

シールをワンポイントで使うと、とってもかわいくなるよ！

おりがみ手紙

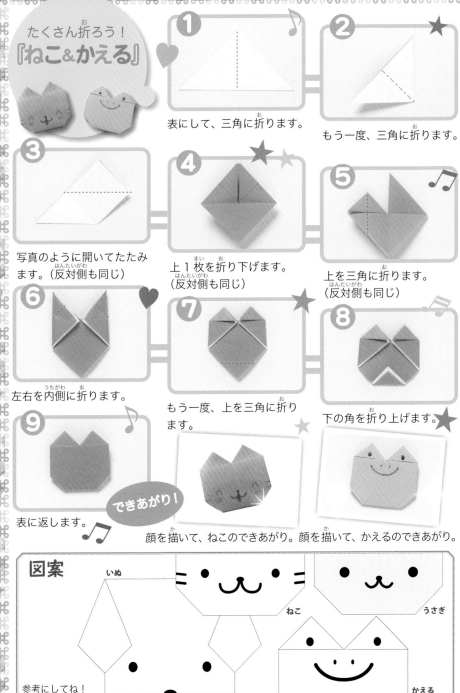

たくさん折ろう！
『ねこ&かえる』

1 表にして、三角に折ります。

2 もう一度、三角に折ります。

3 写真のように開いてたたみます。（反対側も同じ）

4 上1枚を折り下げます。（反対側も同じ）

5 上を三角に折ります。（反対側も同じ）

6 左右を内側に折ります。

7 もう一度、上を三角に折ります。

8 下の角を折り上げます。

9 表に返します。

できあがり！

顔を描いて、ねこのできあがり。顔を描いて、かえるのできあがり。

図案

いぬ

ねこ

うさぎ

かえる

参考にしてね！

◆折り目 [———] 谷折り [----] 山折り [-·-·-]

動物園の人気者！
『ぞう』

1 裏にして、三角に折ります。

2 もう一度、三角に折ります。

3 写真のように開いてたたみます。（反対側も同じ）

4 手前の左右をまん中に折り合わせます。

5 **4**を一度開いて、内側に折りこみます。

6 裏返します。

7 まん中に折り合わせます。

8 写真のように開きます。

9 上を折り下げます。

10 **9**をもどし、2枚の間に折りこみます。

11 裏返して、下を折り上げます。

12 折りもどします。

できあがり！

顔を描いて、できあがりです。

※顔の図案は 79 ページ

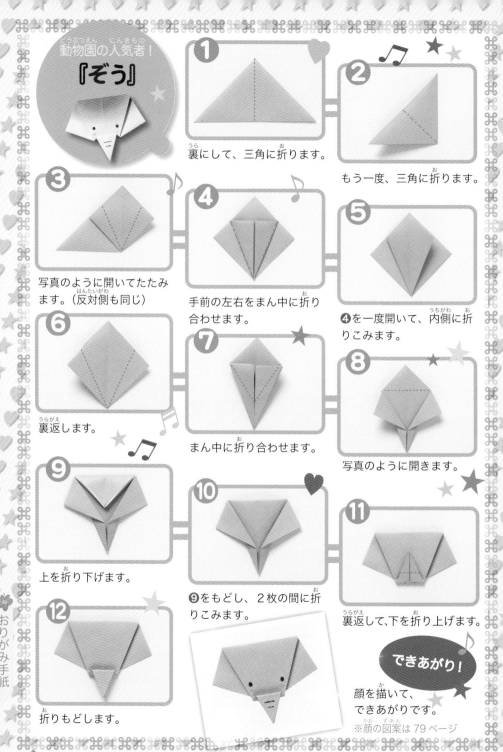

おりがみ手紙

70

色んな色で折ろう！
『いぬ』

①

裏にして、十字に折り目をつけます。

②

4つの角をまん中に折ります。

③

もう一度、4つの角をまん中に折り合わせます。

④

③の上を開きます。

⑤
左右をまん中に折り合わせます。

⑥

上を折り下げます。

⑦

⑥を写真のように開きます。

⑧

⑦をたたみます。

⑨

反対側も⑦、⑧と同じに折ります。

⑩

下を折り上げます。

⑪
⑩の端（★）を上の中に入れます。

⑫

表に返し、左を折ります。（反対側も同じ）

⑬

もう一度、折ります。（反対側も同じ）

⑭

開いて写真のようにたたみます。（反対側も同じ）

顔を描いてできあがり！

※顔の図案は69ページ

おりがみ手紙

かわいく折って、
そっとわたしちゃおう！

おりがみ手紙
かわいい
花レター

お花の形に折った手紙をもらったら、
うれしいね！
お誕生会や発表会のお知らせ、な
んにでも使えるお手紙。

とってもかんたん！
『ガーベラ』
★折りかたは
74 ページだよ。

はじめての
人はコレ！

『クローバー』
幸運の印！
★折りかたは
75 ページだよ。

ちょっぴり大人の
『バラ』
★折りかたは
77ページだよ。

茎をつければ
もっと豪華に！
（P78）

中心の
シールも
ポイント！

かれんな
にちにちそう
『日々草』
★折りかたは
76ページだよ。

お誕生日のメッセージには
お花がぴったり！

さやかちゃんへ

ありさより

とってもかんたん！
『ガーベラ』

1 裏にして、十字と斜め十字に折り目をつけます。

2 4つの角をまん中に折り合わせます。

3 もとにもどします。

4 左右をまん中に折り合わせます。

5 上下をまん中に折り合わせます。

6 写真のように折り目にそって、開きます。

7 ⑥を写真のように角を引き出して、たたみます。

8 残りの角も⑥、⑦と同じようにたたみます。

9 ⑧を立てます。

10 写真のように開いてたたみます。

11 すべての角を開いてたたみます。

12 写真のように⑪の角をまん中に折り合わせます。

13 すべてを折ります。

14 裏返して、4つの角を折ります。

できあがり！
表に返し、花びらを立てて、できあがり！

幸運の印！
『クローバー』

①

折り山

裏にして、上半分に折ります。

②

折り山

もう一度、半分に折ります。

③

三角に折ります。

④

もう一度、三角に折ります。

⑤

写真のように開きます。
（反対側も同じ）

⑥

方向を変えます。上を折り
下げます。

⑦

下を開き、左右をのばします。

⑧

そのまま、写真のようにた
たみます。

⑨

写真のように折ります。

⑩

裏返します。

⑪

角を折りながら、写真のよ
うにたたみます。

⑫

4つの角を折ります。

おりがみ手紙

できあがり！

表に返して、でき
あがりです。

かれんな
にちにちそう
『日々草』

①

裏にして、十字と斜め十字に折り目をつけます。

②

4つの角をまん中に折り合わせます。

③

もう一度、4つの角をまん中に折り合わせます。

④

③を開きます。

⑤

左右をまん中に折り合わせます。

⑥

上下をまん中に折り合わせます。

⑦

写真のように折り目にそって、開きます。

⑧

⑦を写真のように角を引き出して、たたみます。

⑨

残りの角を⑦、⑧と同じようにたたみます。

⑩

⑧を立てます。

⑪

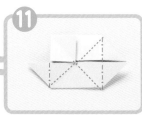

写真のように開いてたたみます。

⑫

すべての角を開いてたたみます。

できあがり！

まん中にシールを貼って、できあがり。

1

裏にして、十字に折り目を
つけます。

2

4つの角をまん中に折り合
わせます。

3

もう一度、4つの角を折り
合わせます。

4

さらにもう一度、4つの角
を折り合わせます。

5

4を折りもどします。

6

写真のように4つの角を立
てます。

できあがり！

中心を開いて、できあがり！

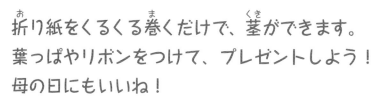

茎を1本つけるだけで、より豪華に！

折り紙をくるくる巻くだけで、茎ができます。
葉っぱやリボンをつけて、プレゼントしよう！
母の日にもいいね！

茎の作り方
<ruby>茎<rt>くき</rt></ruby>

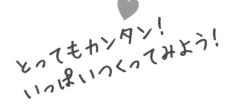

①

のり

半分に切った<ruby>折<rt>お</rt></ruby>り紙の上にのりをつけ、写真のように<ruby>竹串<rt>たけぐし</rt></ruby>にまきつけます。

②

<ruby>最後<rt>さいご</rt></ruby>に<ruby>竹串<rt>たけぐし</rt></ruby>を<ruby>抜<rt>ぬ</rt></ruby>くと、できあがりです。

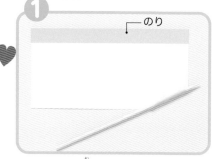

③

葉やリボンを折り紙を切って作り、<ruby>茎<rt>くき</rt></ruby>に<ruby>貼<rt>は</rt></ruby>りましょう。

図案
(p70)

参考にしてね！

作／寺西恵里子（てらにし えりこ）

（株）サンリオに勤務し、子ども向け商品の企画・デザインを担当。退社後も"HAPPINESS FOR KIDS"をテーマに、手芸、料理、工作、子ども服、雑貨、おもちゃ等の、商品としての企画・デザインを手がけると同時に、誰もが手作りできるように伝える創作活動として本で発表する。実用書・女性誌・子ども雑誌・テレビと多方面に活躍中。著書は 600 冊を超える。

絵／鈴木衣津子（すずき いつこ）

イラストレーター。東京都在住。デザイン事務所勤務を経て、2014 年よりフリー。雑誌や書籍を中心に、人物や動物たち、生活まわりのイラストをやわらかな表現で描く。

カバーイラスト／双葉 陽（ふたば はる）

イラストレーター、漫画家。「君を見つけた」（集英社『夏の大増刊号りぼんスペシャル バニラ』2017 年 6 月号）でデビュー。最新作「初めまして、あなたの恋人ですが」が、集英社『りぼん』2020 年 6 月号に掲載。
TwitterID → @hutaba_haru

デザイン／ KIS

※本書は、2013 年 4 月刊行の『ガール♡マジック　お手紙レッスン』の新装版です。

きら☆ハピ！ お手紙レッスン

2020 年 4 月　初版第 1 刷発行

作	寺西恵里子
絵	鈴木衣津子

発行者	小安宏幸
発行所	株式会社汐文社
	〒 102-0071　東京都千代田区富士見 1-6-1
	TEL：03-6862-5200　FAX：03-6862-5202
	HP：https://www.choubunsha.com
印　刷	新星社西川印刷株式会社
製　本	東京美術紙工協業組合

ISBN978-4-8113-2721-1　NDC754